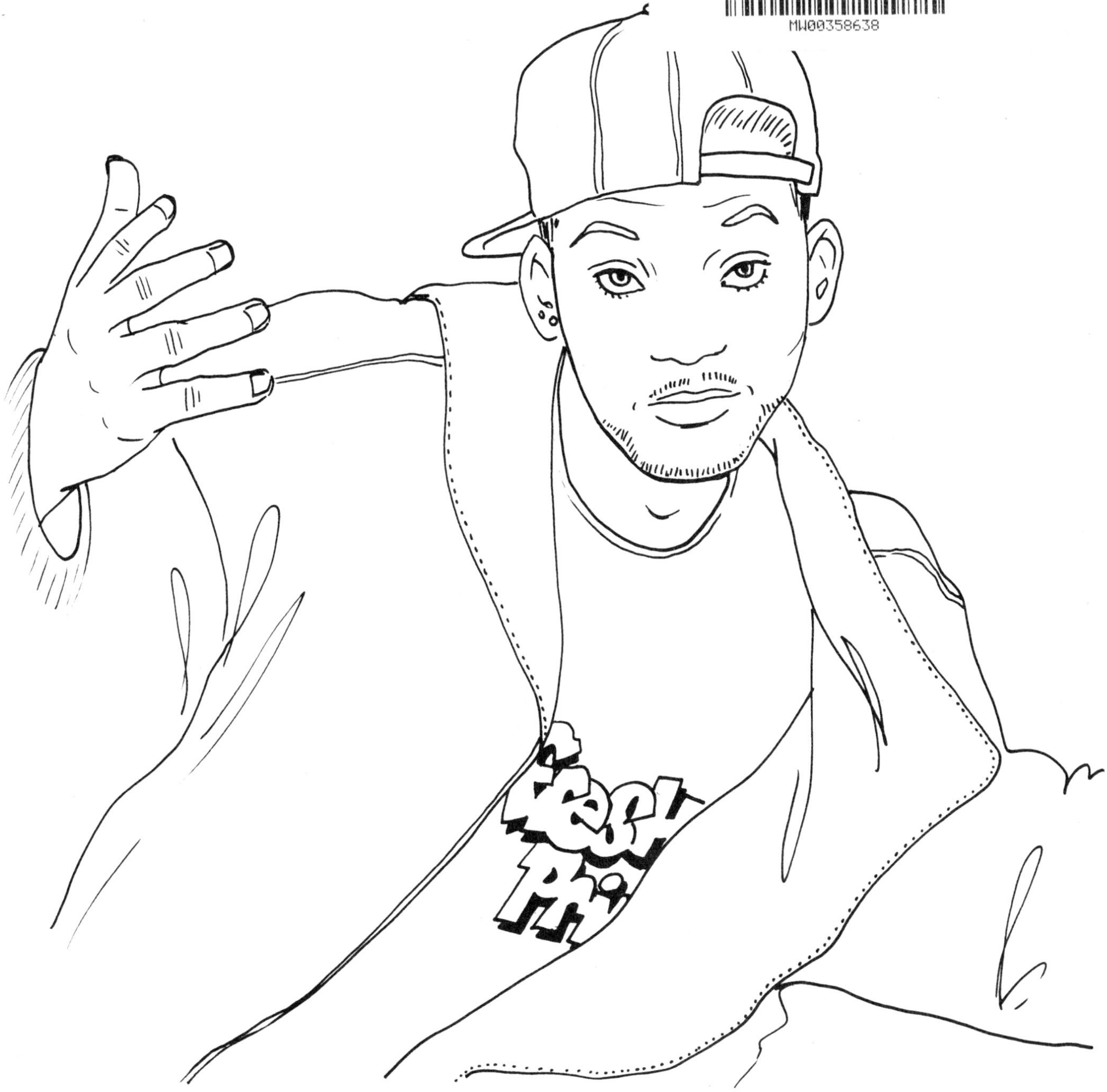

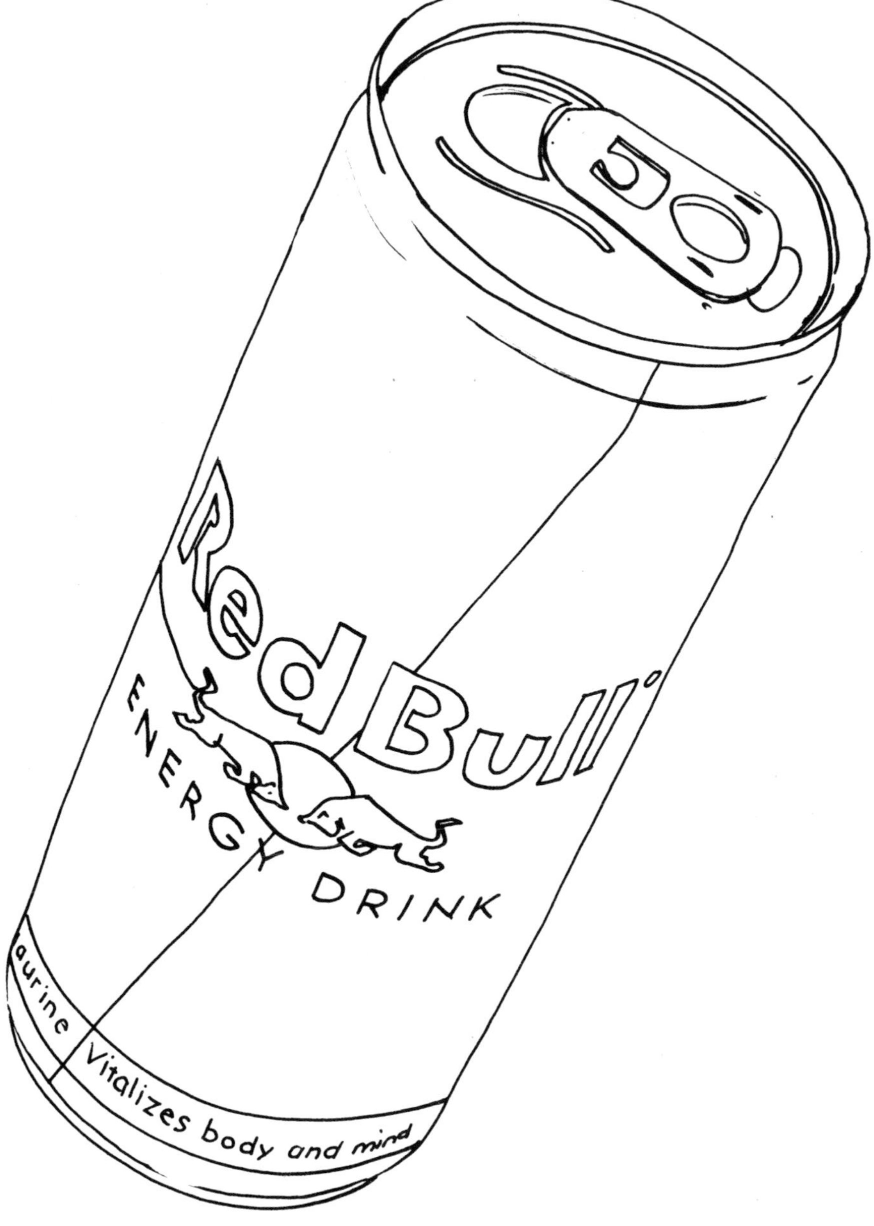
Red Bull
ENERGY DRINK
Taurine
Vitalizes body and mind

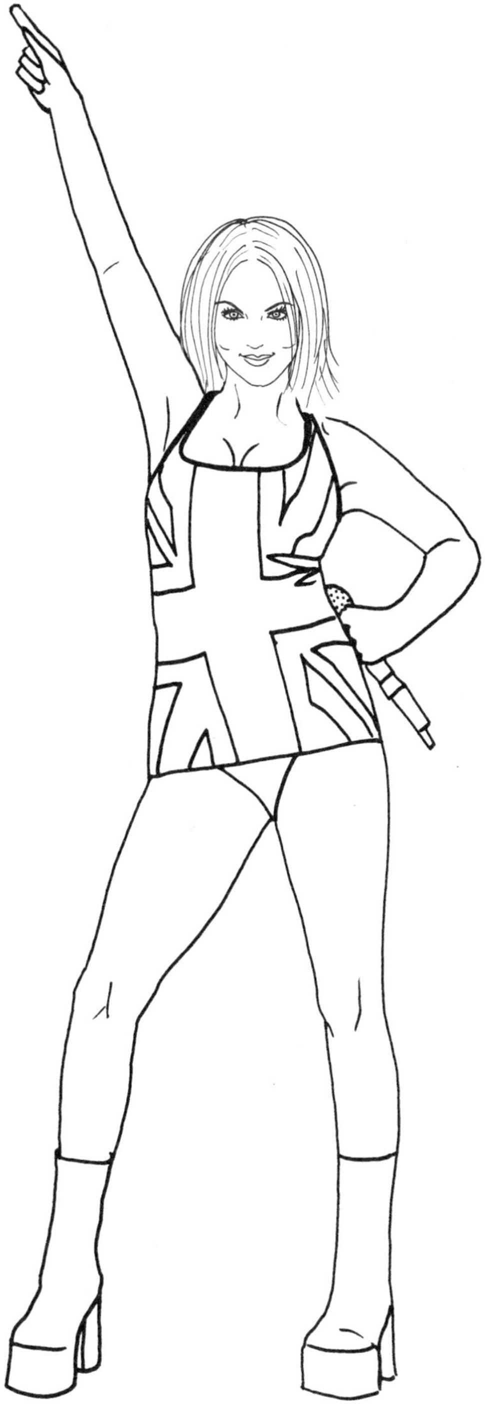

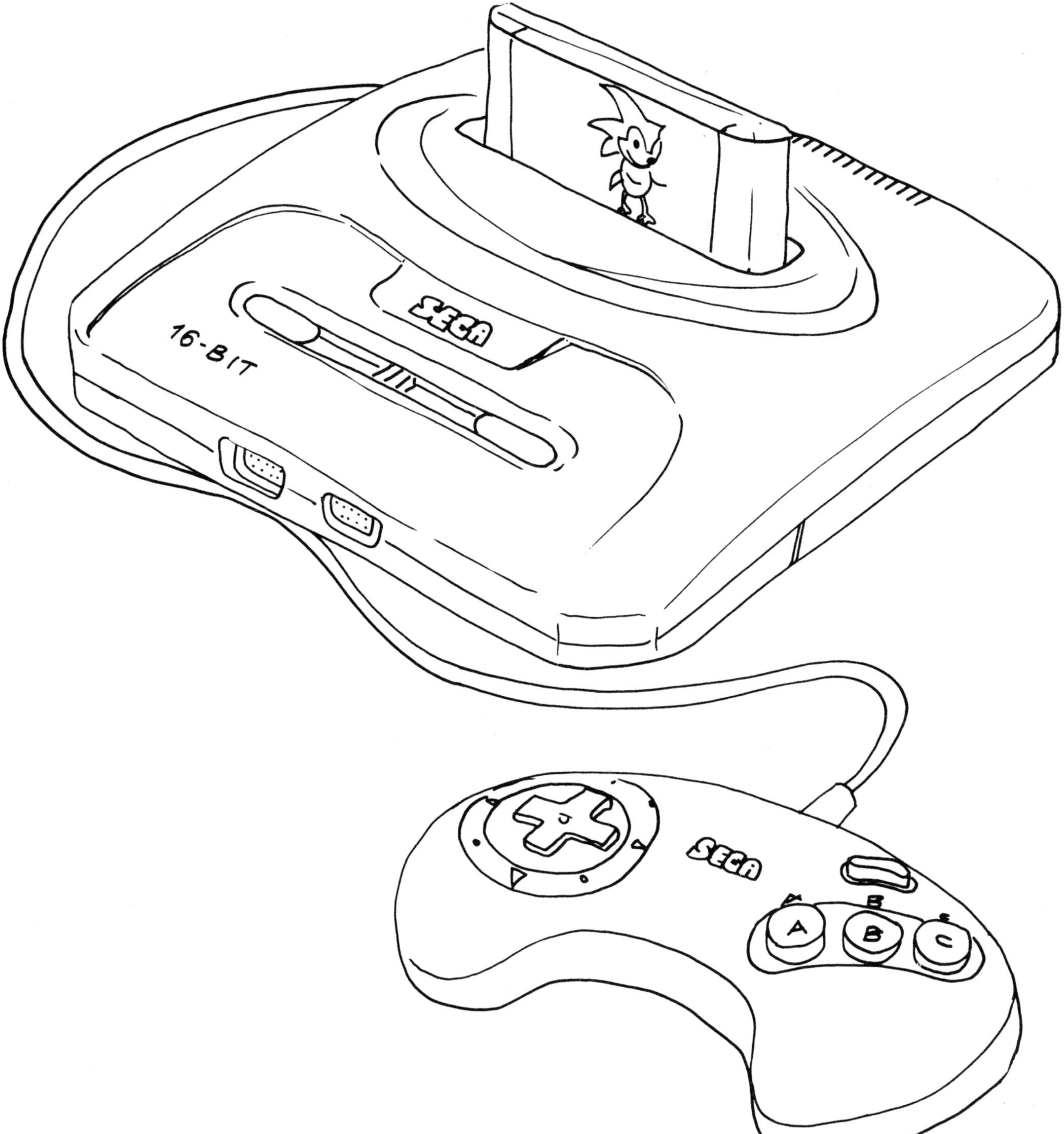
16-BIT
SEGA
SEGA
A
B
C

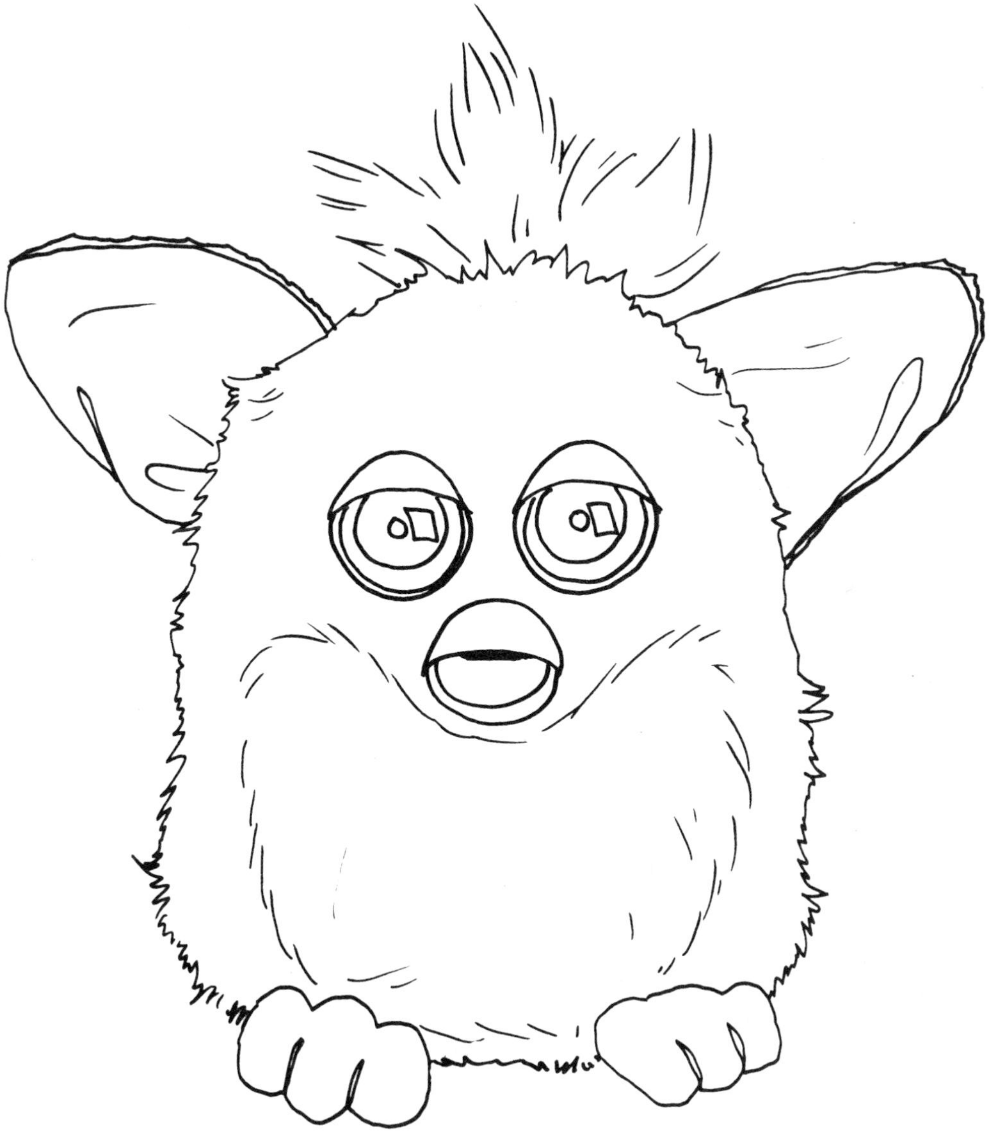

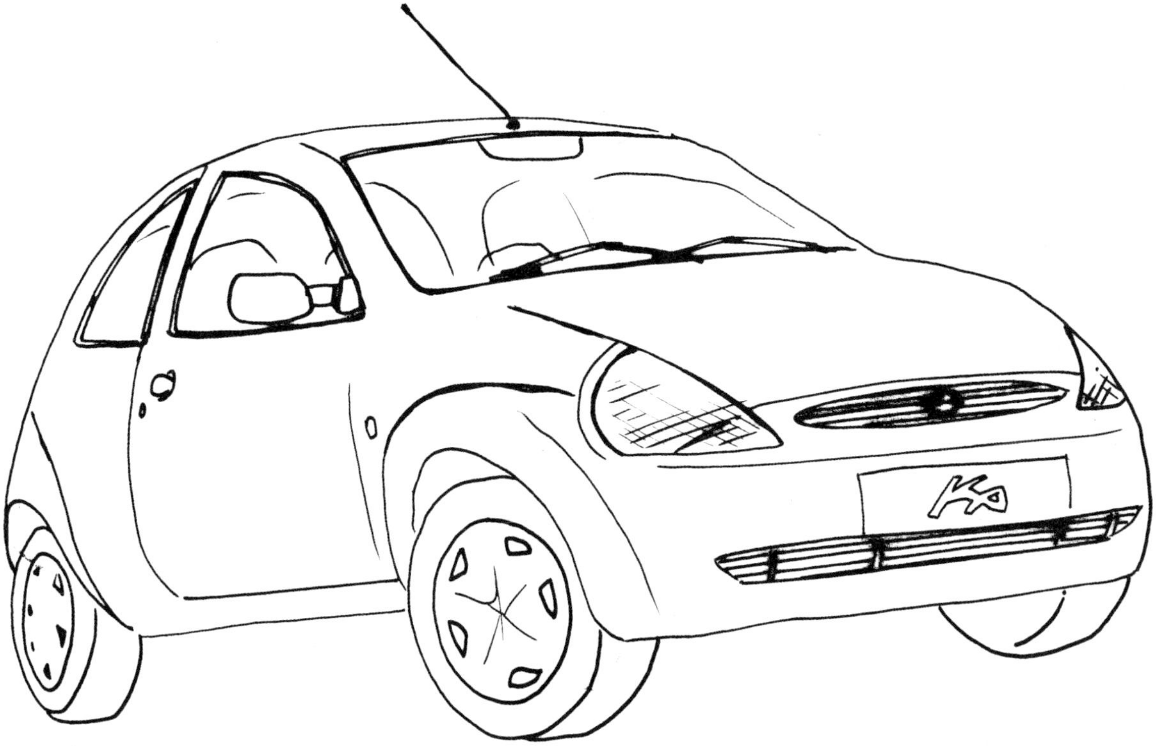
Ka

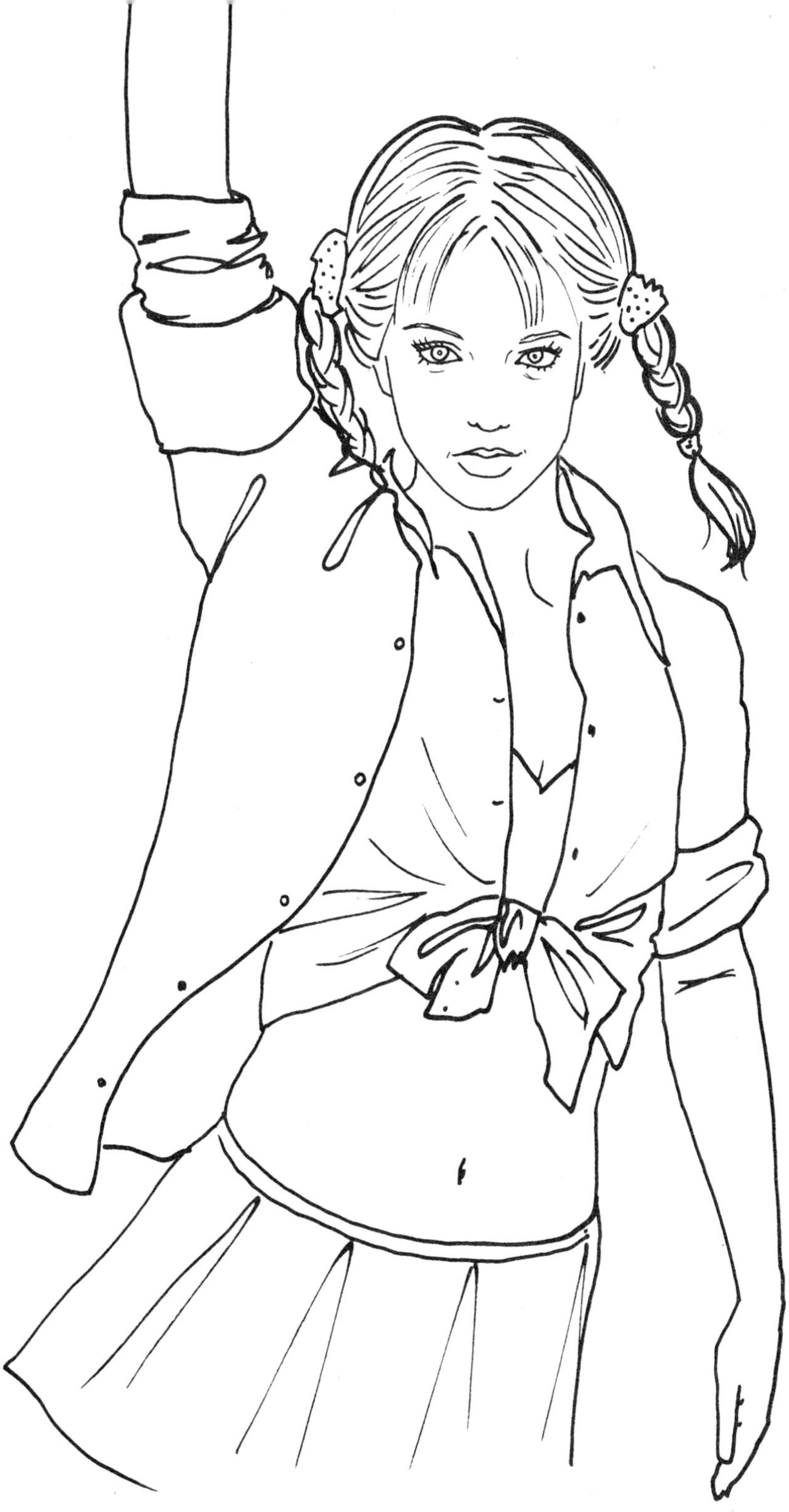

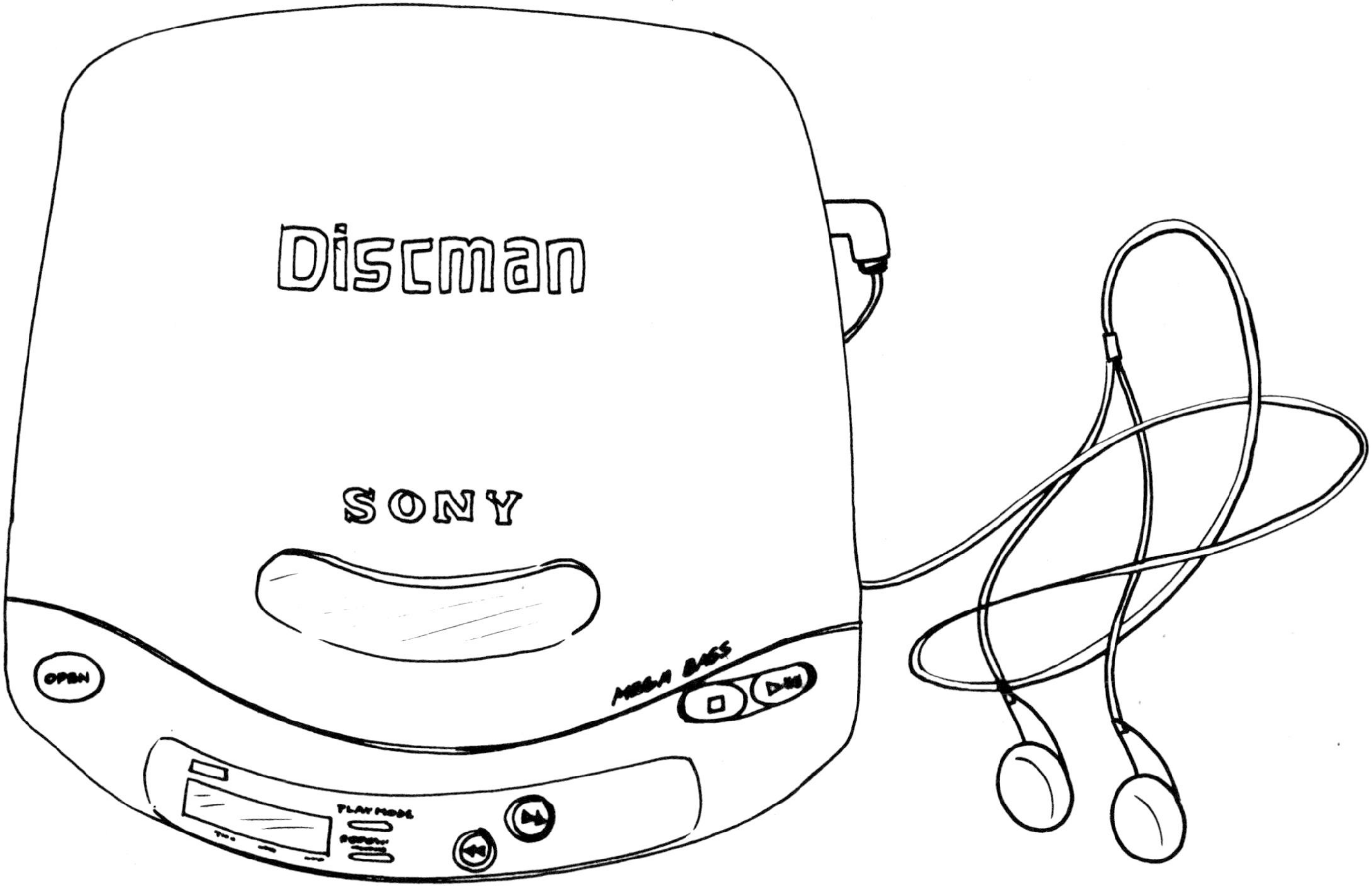
Discman
SONY
OPEN
MEGA BASS
PLAY MODE

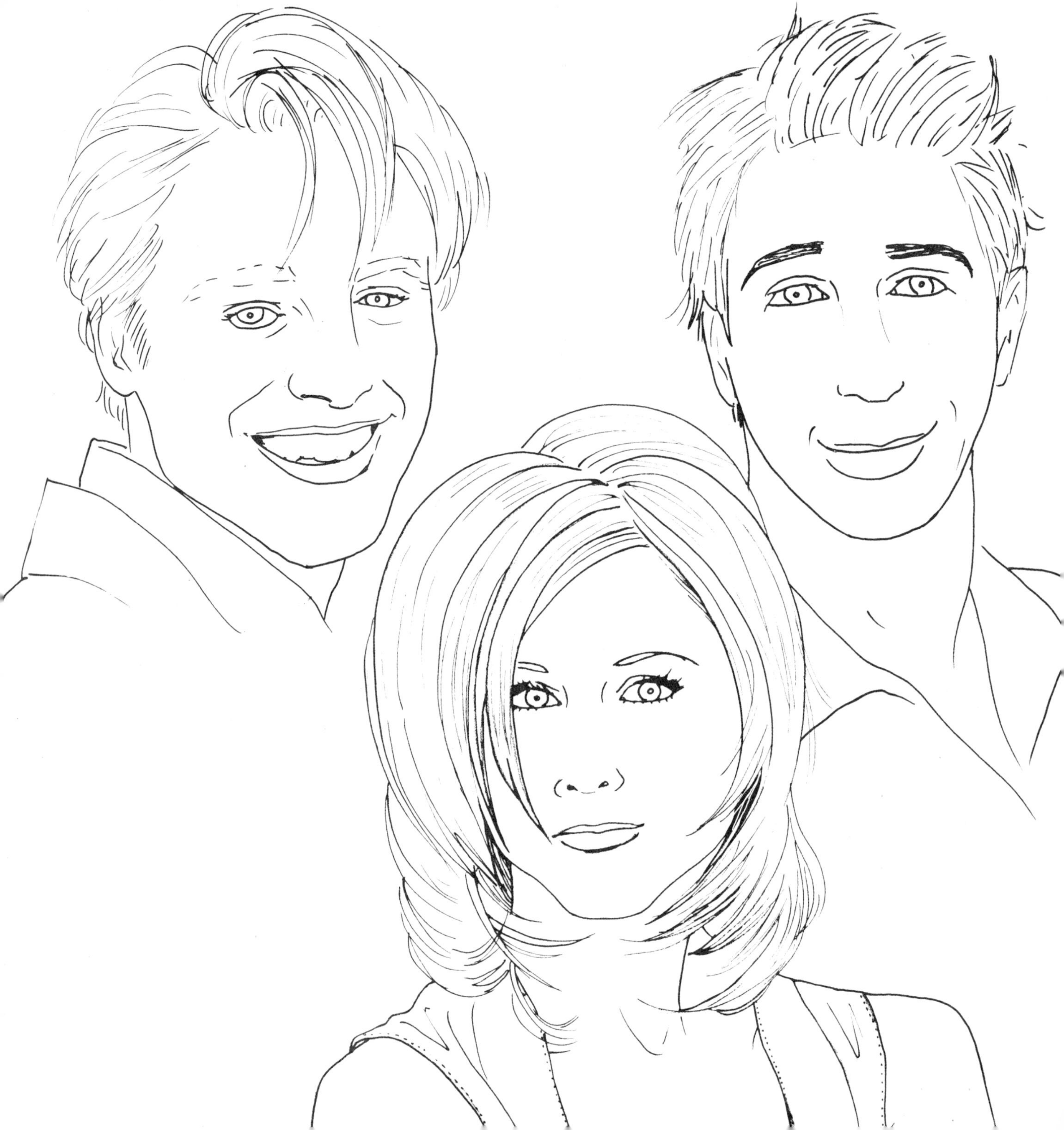

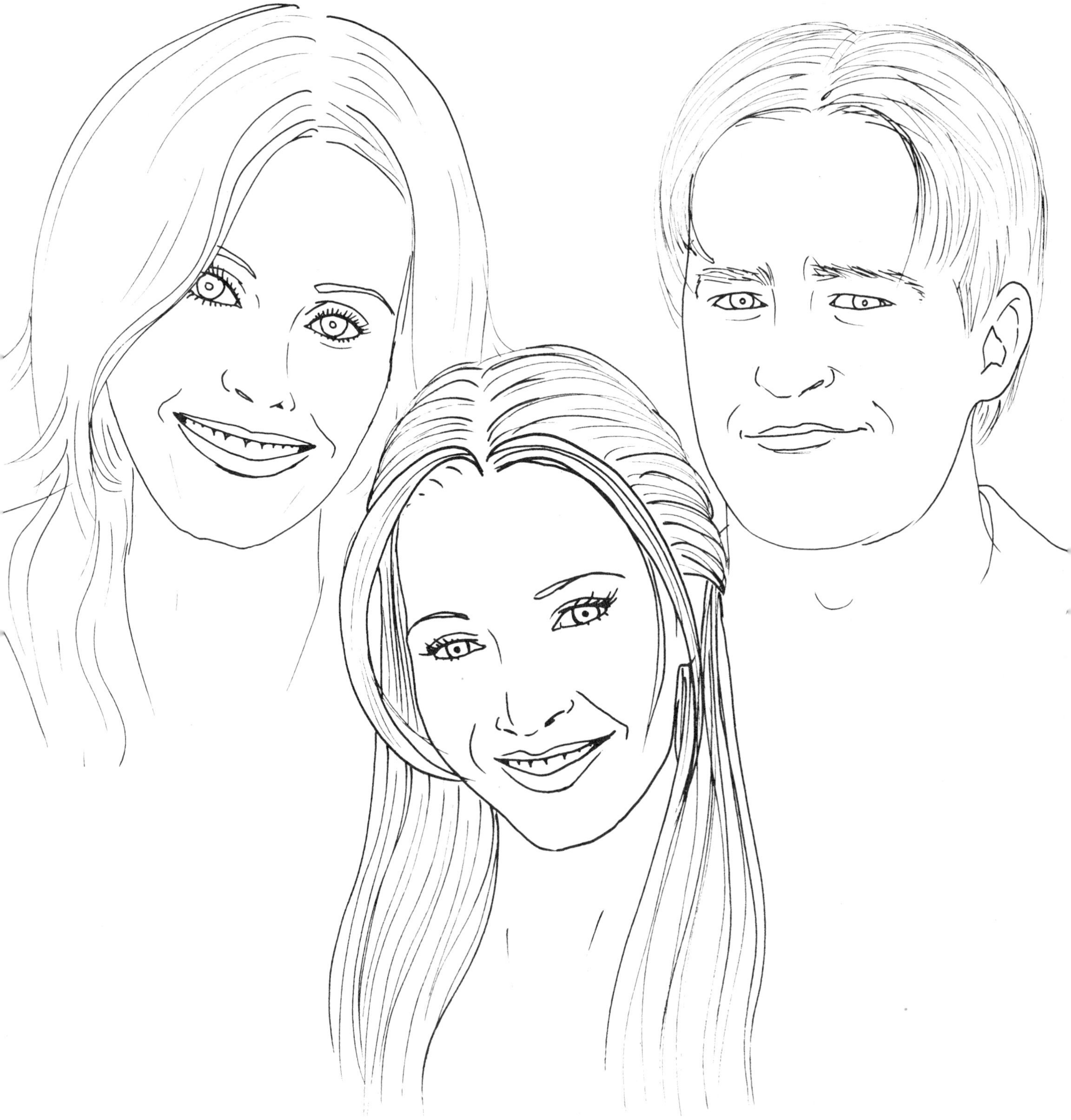

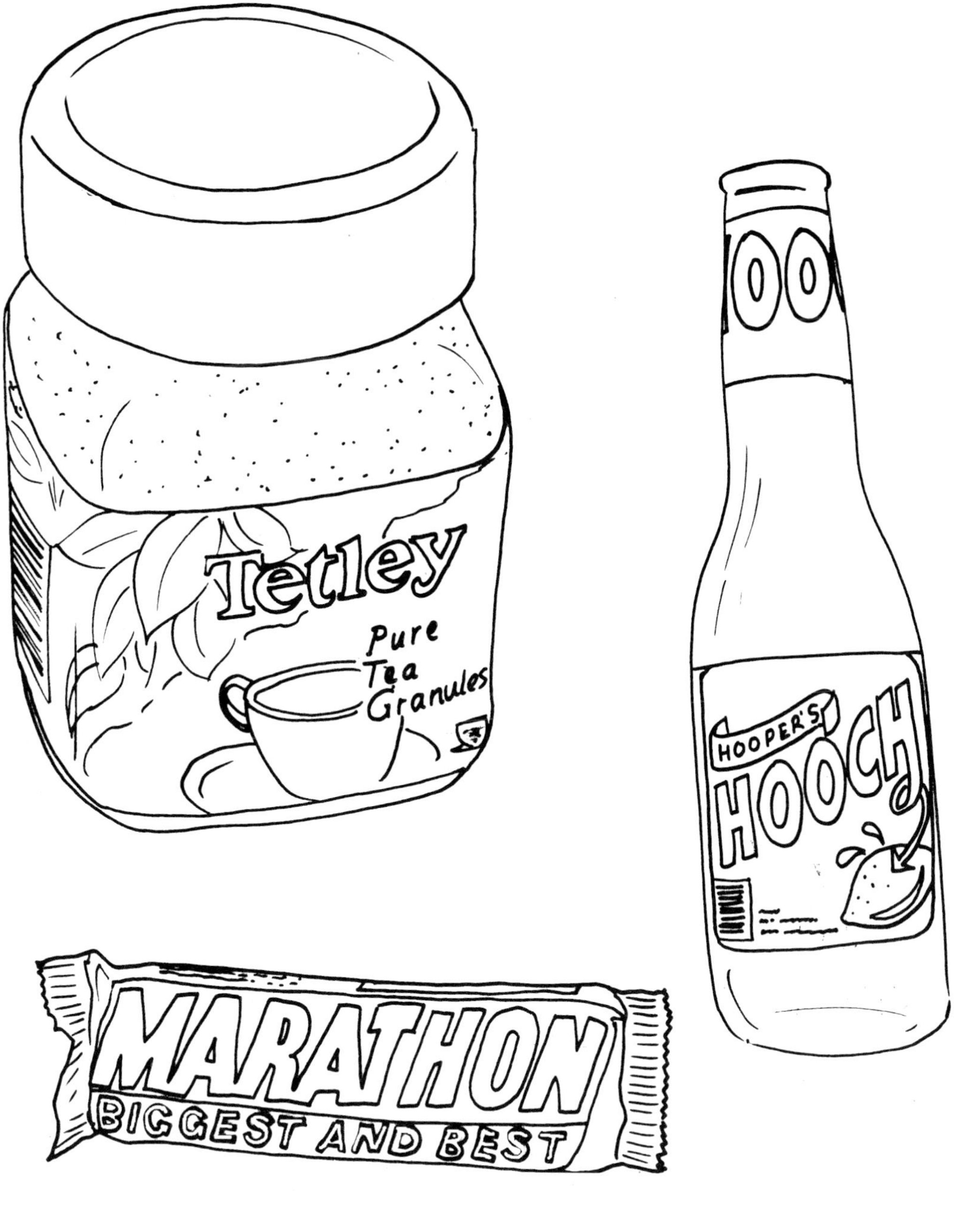
Tetley
Pure Tea Granules
HOOPER'S
HOOCH
MARATHON
BIGGEST AND BEST

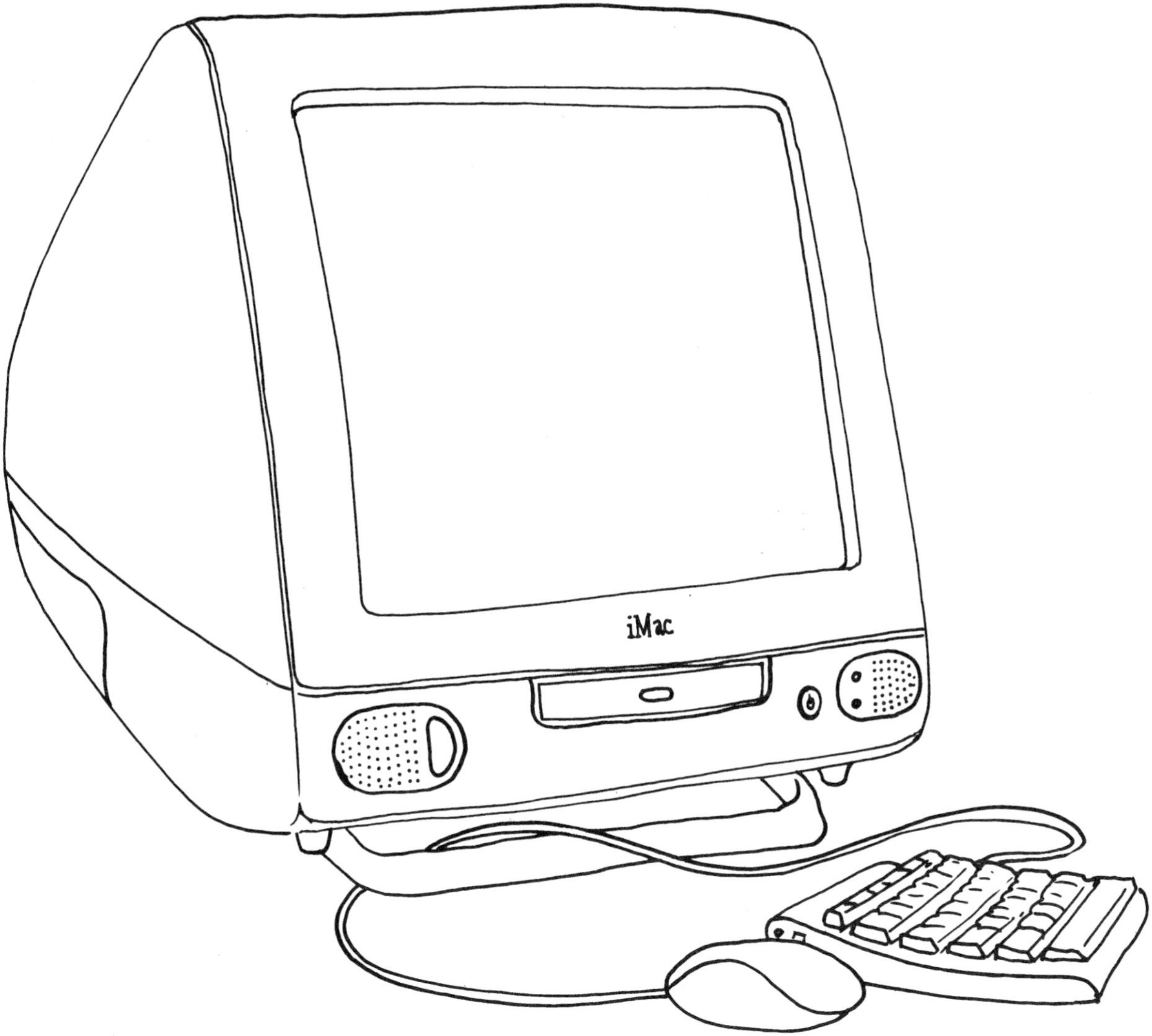
iMac

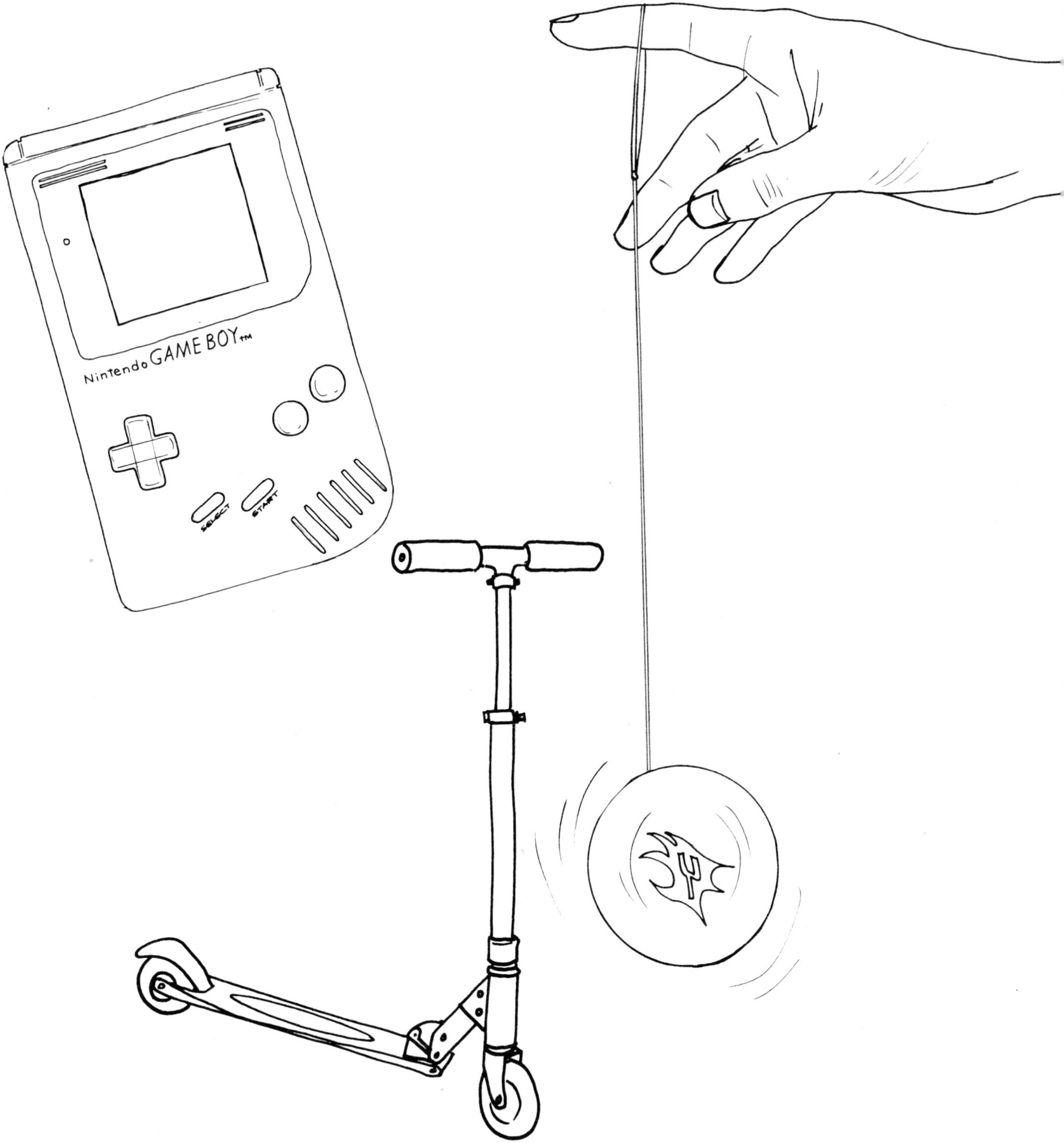
Nintendo GAME BOY™
SELECT
START

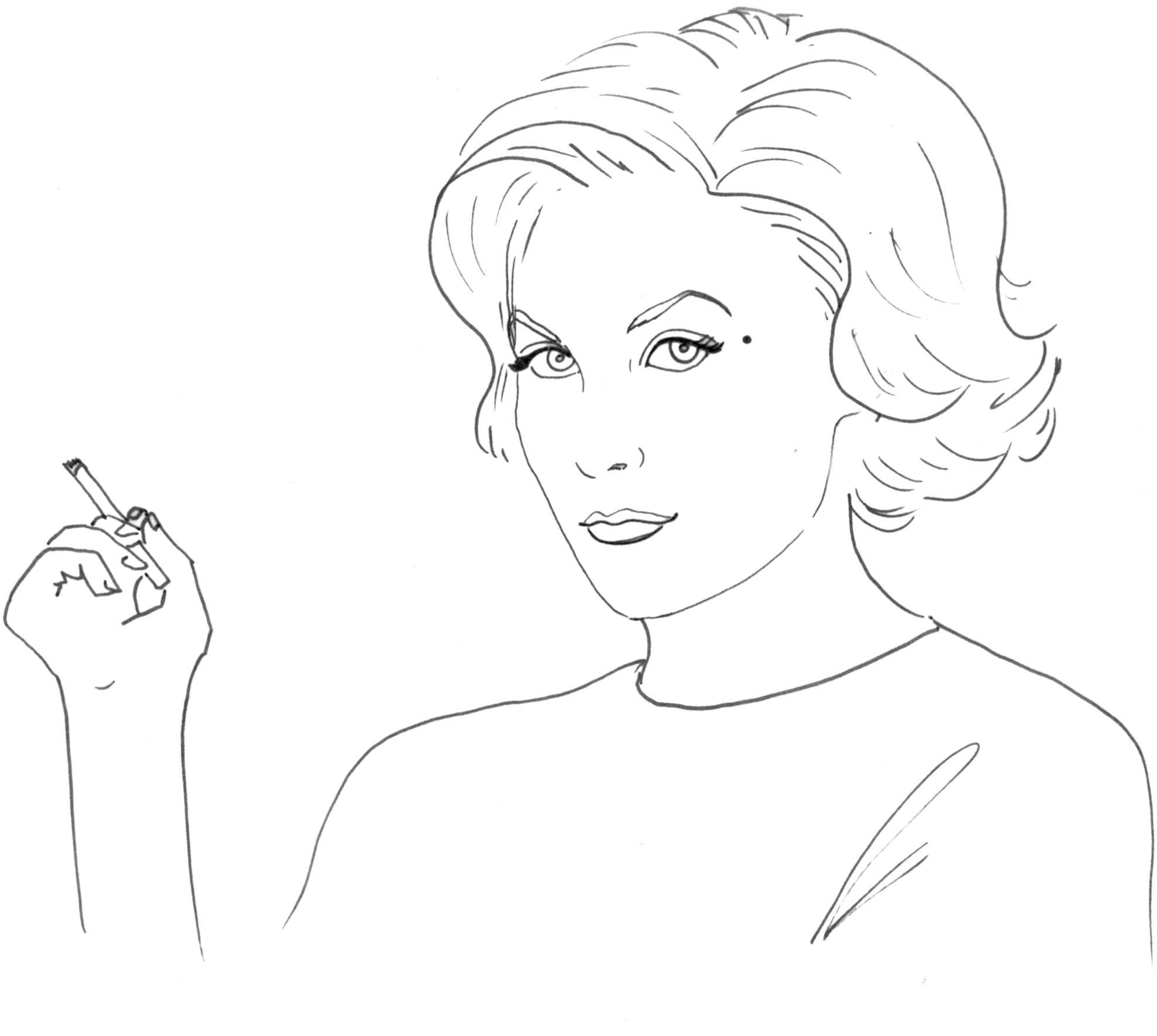

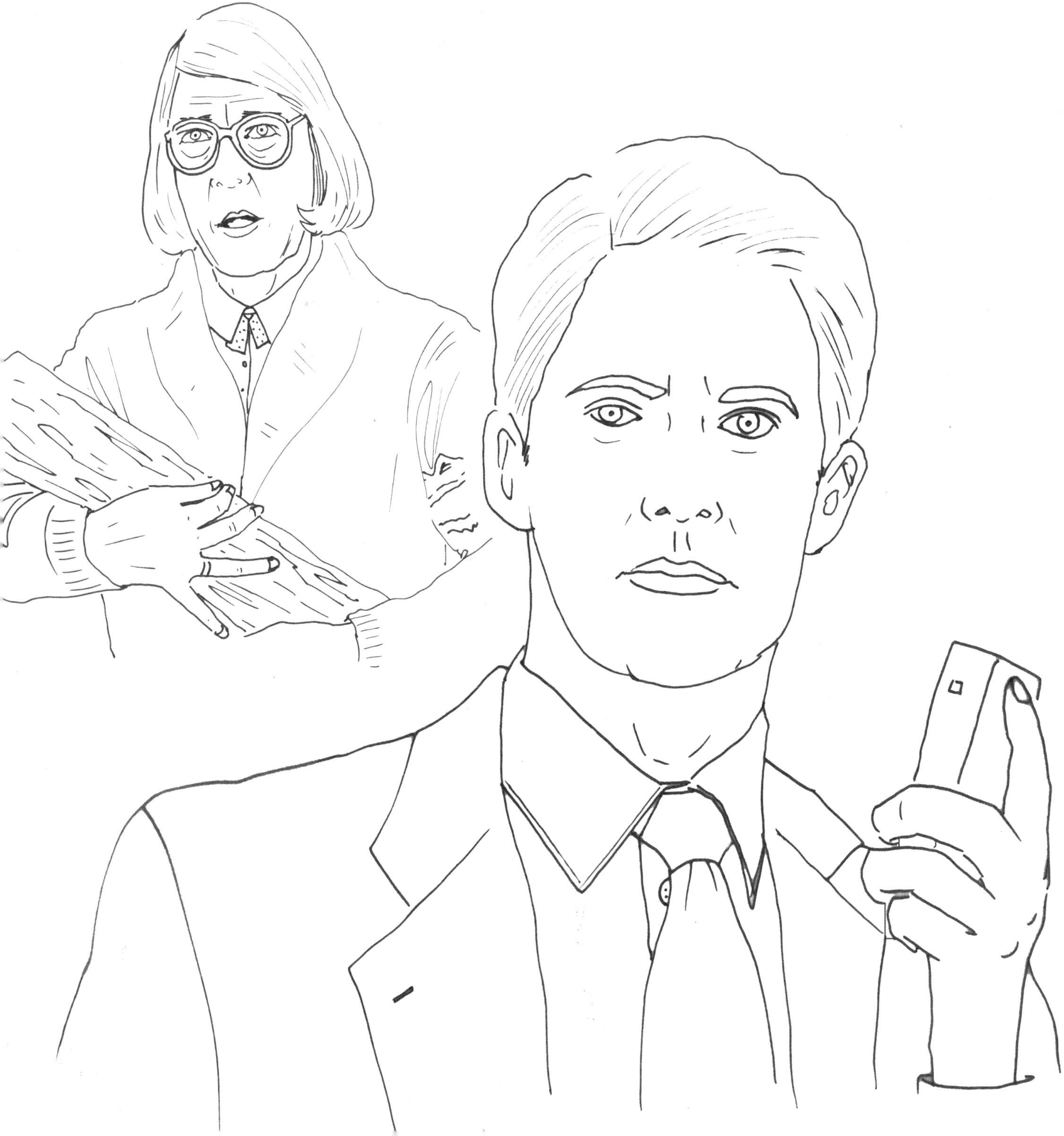